# LA FE DEL AHORA DE DIOS

# La Fe del Ahora de Dios

Roger E Coons

# Contents

# ¿Estás buscando respuestas?

¿Estás buscando respuestas?
¿Para la sanación, la seguridad, la prosperidad?

Hay respuestas para los desafíos de la vida. La Fe de Dios Ahora es un lugar para comenzar. ¡Que las palabras de este libro cambien tu vida con nuevas posibilidades!

# Introducción

Una manera de caminar con el Señor y escuchar Su voz.

La Fe de Dios en el Ahora está esperando que camines en ella y seas sanado, liberado, puesto en libertad de cosas que no necesitan estar allí.

Solo imagina poder caminar en los caminos que Jesús recorrió mientras estuvo aquí en la tierra, pudiendo hacer lo que él hizo al caminar en Su Fe.

Poder ver y experimentar a ti mismo y a otros recibiendo las cosas buenas que nuestro Padre en el cielo tiene para nosotros.

# Agradecimientos

Me gustaría agradecer a mi esposa Shirley Coons por las veces que me dio palabras de aliento para continuar trabajando en este libro.

También me gustaría agradecer a mi Pastor Daniel Krawchuck por su ánimo y sus ideas para hacer de este libro un éxito.

Asimismo, quisiera agradecer a mi hija espiritual Layla Rule por sus contribuciones en el proceso de publicación de mi trabajo.

# 1

## La fe de Dios ahora

Veamos la definición de fe según Dios. Hebreos 11:1 "Ahora bien, la fe es la certeza de lo que se espera, la convicción de lo que no se ve." NVI "Ahora bien, la fe es confianza en lo que esperamos y la seguridad acerca de lo que no vemos."

Comencemos con ahora. No es ayer, hace dos semanas, o hace un mes o un año, es ahora. Tampoco es mañana, porque eso aún no ha llegado. En cuanto a ayer o al pasado, eso ya quedó atrás. Ahora es el mejor momento, que es donde comienza el significado de la fe. La Escritura habla de la fe de Dios ahora, dejando claro que debemos experimentarla en este momento. Aparece en la Biblia: "Pero sin fe es imposible agradarle; porque es necesario que el que se acerca a Dios crea que Él existe, y que es galardonador de los que le buscan diligentemente." Hebreos 11:6

Podemos confiar en Dios y actuar con Su fe, sabiendo que Él desea que tengamos éxito y que seamos fieles con lo que nos da. Entonces podemos ayudar a otros con las cosas y oportunidades que Él nos brinda. Es especialmente importante también que realmente sepamos que nuestro Padre nos ama. 1 Juan 4:7. "Amados, amémonos unos a otros, porque el amor es de Dios; y todo aquel que ama nace de Dios y conoce a Dios." NVI Juan 15:10 "Si guardas mis mandamientos, permanecerás en mi amor, así como yo he guardado los mandamientos

4

de mi Padre y permanezco en su amor. 11. Estas cosas os he hablado para que mi gozo esté en vosotros, y vuestro gozo sea completo." NVI

Podemos dejar que Su amor fluya en nosotros y permitir que Su gozo sea pleno en nosotros. Si vamos a amar a los demás, primero debemos amarnos a nosotros mismos. Esto nos ayudará a operar en la fe actual de Dios. Nuestro Dios actúa en Su Maravilloso Amor. Podemos permitir que Su Amor dirija nuestros pensamientos y caminos. Ahora, operar en la fe que el Padre nos da nos permite avanzar y tener éxito. Nuestro propósito en esta tierra es representarlo en Su Reino y permitir que Él trabaje a través de nosotros para ayudar a otros y llevarlos al conocimiento del Dios vivo. Una de las cosas más difíciles de entender es confiar cuando no puedes ver a nuestro Padre en el Cielo, pero puedes oír de Él.

Cuando le pedimos algo a Dios, necesitamos creer que Él nos escucha y nos responderá. Creer que ahora es el momento oportuno para que nuestra fe se manifieste y lleguen las respuestas. Muchas veces, no nos aferramos a esa fe en Dios en el presente. Las cosas que obstaculizan nuestra fe son la incredulidad y no confiar en el más fiel, nuestro Dios. Nuestra fe necesita apoyarse en el hecho de que nuestro Dios es digno de confianza para todo lo que le pedimos. Él sabe lo que necesitamos antes de que se lo pidamos. Cuando le pedimos algo, necesitamos creer que Él escucha y responde a lo que pedimos. Un Padre amoroso quiere cuidar de sus hijos. Necesitamos saber que nuestro Dios es ese Padre amoroso y creer que nos escucha.

"Mis ovejas oyen mi voz, y yo las conozco, y me siguen." Juan 10:27 RVR1960

Dado que la fe es ahora, debemos creer que nuestro Padre nos oye ahora. Confiar y creer son palabras poderosas, que requieren nuestra atención y acción. Hay varias escrituras en la Biblia de las que hablaremos y discutiremos, tienen que ver con que creamos lo que el Padre está diciendo. Es extremadamente importante que sepamos qué significa realmente ahora; no significa pasado ni futuro, significa en este mismo momento. Es mejor aprender a vivir en el presente y caminar en él. Necesitamos tener esa fe infantil. Cuando prometemos a nuestros hijos que vamos a hacer algo o llevarlos a algún lugar, nos creen. Solo es cuando les hemos prometido algo y luego rompemos nuestras promesas que ellos actúan de la manera en que lo hacen.

Muchas veces, le hemos pedido cosas a Dios y si no las recibimos, nos desanimamos. ¿Podría ser eso cuando pedimos y no creemos que no recibimos? Aunque la respuesta sea no, es una respuesta. ¿Cuánto mejor sería recordar las muchas cosas que Él ha hecho por nosotros a través de nuestras preguntas?

¿Y si la mujer con el problema de la sangre pensara en su mente: "Si tan solo pudiera tocar el dobladillo de Su prenda y mañana o la próxima semana estuviera curada?"
Su fe era ahora una especie de fe de que al tocar el dobladillo de Su prenda sería sanada. Esa es la fe actual de Dios en la que nuestro Padre quiere que operemos. Jesús caminó con ese tipo de fe creyendo que cuando hiciera lo que el Padre quería que hiciera, así se haría.

Cuando oramos pidiéndole a Él que haga algo, debemos creer que nos ha escuchado y que es capaz de hacer lo que le estamos pidiendo. Cuando nos alejamos creyendo que hemos recibido y sin dudar, puede suceder. La mejor manera de honrarlo es agradecerle por responder. Para tener fe, tendremos que pedirle a Dios, creer y luego recibir. Necesitaremos vivir y caminar en fe para verla crecer. Los días venideros requerirán que caminemos en fe, y es por fe que escucharás al Señor hablar. Es tu fe la que guiará, protegerá y proveerá para ti.

Hablaremos más sobre la necesidad de operar en Su fe para que las provisiones que necesites puedan llegar a ti.

Romanos 5:1-2 "Justificados, pues, por la fe, tenemos paz para con Dios por medio de nuestro Señor Jesucristo, por quien también tenemos entrada por la fe a esta gracia en la cual estamos firmes, y nos gloriamos en la esperanza de la gloria." RVR1960

Hay muchos lugares en el Nuevo Testamento que nos dan maneras prácticas de operar en la fe, que necesitaremos a medida que pasen los días.
Una vez que reconozcamos que nuestro Padre quiere que vivamos en la Fe del Ahora de Dios todo el tiempo, podremos ser sanados y liberados para poder ayudar a otros.

# 2

# Pide, Cree, Recibe Pide, Cree y Recibe

C Es importante pedir para recibir. Además de eso, podemos creer y luego recibir.

Vamos a Mateo 7:7 "Pidan, y se les dará; busquen, y encontrarán; llamen, y se les abrirá. Porque todo el que pide recibe; el que busca encuentra; y al que llama, se le abrirá la puerta." NVI

Juan 15:7,8. "Si permanecen en mí y mis palabras permanecen en ustedes, pidan lo que deseen y se les concederá. Esto es para la gloria de mi Padre, mostrando que ustedes son mis discípulos". NVI

Juan 16:23-24. "En aquel día ya no me preguntarán nada. Les digo la verdad: mi Padre les dará todo lo que pidan en Mi Nombre. Hasta ahora no han pedido nada en Mi Nombre. Pidan y recibirán, y su alegría será completa". NVI

Estas son solo algunas de las Escrituras que muestran lo que sucede cuando pedimos. Creo que, porque pedimos con fe, este será el resultado de nuestro pedir: recibiremos.

Es extremadamente importante que pidamos y creamos que Él nos ha oído y responderá. Ya hemos hablado sobre nuestro Dios escuchándonos. Él desea tener una relación con nosotros y eso requerirá hablar y escuchar. El hecho de que creamos que Él nos escucha es extremadamente importante. Sería terrible si cuando habláramos con nuestros amigos o familiares no creyéramos que nos escuchan. Caminamos por muchos caminos de fe. Tenemos fe de que cuando tocamos el interruptor, la luz se enciende. Hay tantas ocasiones en las que operamos con fe; sin embargo, esta fe de la que estamos hablando es cuando hablamos con Dios. Cuando hablamos con Él, debemos creer que nos escucha y nos responde como Sus hijos.

Este capítulo trata sobre pedir, creer y recibir..

Así que ahora que hemos pedido y creemos que Dios ha escuchado, el siguiente paso es recibir. Podemos recibir cuando hemos pedido y creído a través de este simple proceso. Muchas veces, este proceso debe evitar nuestra mente y llegar directamente a nuestro corazón. Con demasiada frecuencia estamos tratando de manipular las cosas en nuestra mente. Esforzarnos por hacer que esas peticiones se cumplan con nuestra ayuda, a veces es necesario.

Tomemos la historia del ciego Bartimeo. Él estaba a lo largo del camino gritando a Jesús. "Muchos lo reprendían y le decían que se callara, pero él gritaba aún más: ¡Hijo de David, ten misericordia de mí!" 49. Jesús se detuvo y dijo: "¡Llámalo!" Entonces llamaron al hombre ciego: "¡Ánimo! Se está llamando a ti, ponte en pie." 50. Dejando a un lado su manto, se levantó de un salto y fue hacia **Jesús.51.** "¿Qué quieres q ue haga por ti?" Jesús le preguntó. El hombre ciego dijo: "Rabí, quiero ver." 52. "Ve," dijo Jesús, "Tu fe te ha sanado". Marcos 10:48-52 NVI

Inmediatamente recobró la vista y siguió a Jesús por el camino.

Este es un ejemplo de pedir, creer y recibir: El hombre ciego fue lo suficientemente valiente como para clamar a Jesús para que lo escuchara, luego pidió y creyó. Jesús dijo: "Ve, tu fe te ha sanado." Este es un ejemplo notable de pedir, creer y recibir. Otro ejemplo de este tipo de sanación es uno de los dirigentes de la sinagoga, un hombre llamado Jairo. Marcos 5:22. Y he aquí que vino uno de los principales de la sinagoga, llamado Jairo. Y al verlo, se postró a sus pies y le rogaba con insistencia, diciendo: "Mi hija pequeña está a punto de morir. Ven y pon tus manos sobre ella, para que sea sanada y viva." 24. Entonces Jesús fue con él, y le seguía una gran multitud y lo estrechaba. 35. Mientras él hablaba, vinieron algunos de la casa del principal de la sinagoga que dijeron: "Tu hija ha muerto. ¿Por qué molestar más al maestro?" Tan pronto como Jesús oyó la palabra que se dijo, dijo al principal de la sinagoga: "No temas; solamente cree." 37. y no permitió que nadie lo siguiera, excepto Pedro, Jacobo y Juan, hermano de Jacobo.38. Luego llegó a la casa del jefe de la sinagoga y vio un tumulto, con personas que lloraban y se lamentaban con gran estruendo. 39. Al entrar, les dijo: "¿Por qué hacen tanto alboroto y lloran? la niña no está muerta, sino dormida." 40. Ellos se burlaban de él. Pero, habiéndolos hecho salir a todos, tomó al padre y a la madre del niño, y a los que estaban con Él, y entró donde estaba la niña acostada. 41. Entonces tomó de la mano la niña y le dijo a ella: "Talita, cumi," que se traduce: "niña, te digo, levántate." 42. Inmediatamente la niña se levantó y comenzó a caminar, pues tenía 12 años. Y se quedaron llenos de gran asombro. Marcos 5:22-42 RVR1960. Este es otro caso en el que el padre de la niña pidió, creyó y luego recibió.

Así que, pueden ver que primero debemos pedir, luego creer que Él nos ha escuchado y esto nos permitirá recibir.

Otro ejemplo es la mujer que tocó el borde de su manto:
"Y había una mujer que desde hacía doce años padecía de hemorragias.

26. Había sufrido mucho bajo el cuidado de muchos médicos y había gastado todo lo que tenía, y en lugar de mejorar, empeoraba. 27. Cuando oyó hablar de Jesús, se acercó por detrás entre la multitud y tocó su manto, 28. porque pensó: 'Si tan solo toco su ropa, seré sanada.' 29. Inmediatamente su hemorragia se detuvo, y sintió en su cuerpo que había sido liberada de su sufrimiento. 30. En ese momento Jesús se dio cuenta de que había salido poder de él. Se volvió entre la multitud y preguntó: '¿Quién tocó mi ropa?' 31. 'Mira que la gente te aprieta y agolpa,' respondieron sus discípulos, 'y aún así preguntas: ¿Quién me tocó?' 32. Pero Jesús seguía mirando a su alrededor para ver quién lo había hecho. 33. Entonces la mujer, sabiendo lo que le había pasado, vino y se postró a sus pies y, temblando de miedo, le contó toda la verdad. 34. Él le dijo: "Hija, tu fe te ha sanado. Ve en paz y queda liberada de tu sufrimiento." Marcos 5:25-34 NVI

Este asombroso testimonio de su fe y de haber recibido seguramente puede despertar la razón para pedir y creer, para que también puedas recibir.

Nuestras sanidades ya han sido pagadas. 1 Pedro 2:24 NVI. Él mismo llevó nuestros pecados en su propio cuerpo sobre el madero, para que nosotros, habiendo muerto al pecado, vivamos para la justicia--- por cuya herida fuiste sanado. Ahora necesitamos creer que estamos sanados ahora con la fe ahora de Dios. El poder de la sanación está en creer y recibir. Cuando permitimos que nuestras mentes acepten lo que Dios ha hecho por nosotros a través de Jesús en la cruz, entonces también podemos recibir.

En este mundo de hoy necesitaremos caminar y vivir en Su fe ahora. Él ha hecho posible que estemos en salud.

3 Juan 1. "Querido amigo, oro para que goces de buena salud y todo te vaya bien, así como va bien tu alma". NVI

3 Juan 1. "Amado, oro para que prosperes en todas las cosas y estés en salud, así como prospera tu alma". RVR1960

La salud y el bienestar son importantes para Dios. Podemos vivir en todo lo que Él tiene para nosotros, o podemos permanecer con falta de salud o bienestar. Estos son tiempos en los que querramos caminar en Sus caminos para poder ayudar a otros con sus necesidades.

# 3

# Jesús Enseñó Lecciones Necesarias

Jesús Enseñó Lecciones Necesarias

Jesús enseñó lecciones necesarias. Un día Jesús maldijo una higuera.

Mateo 21:18. "Temprano en la mañana, mientras Jesús regresaba a la ciudad, tuvo hambre. 19. Al ver una higuera al borde del camino, se acercó a ella, pero no encontró nada, excepto hojas. Entonces le dijo: '¡Que nunca más des fruto!' Inmediatamente, la higuera se secó. 20. Cuando los discípulos vieron esto, se asombraron. '¿Cómo se secó tan rápidamente la higuera?' preguntaron. 21. Jesús respondió: 'En verdad les digo, si tienen fe y no dudan, no solo podrán hacer lo que se hizo con la higuera, sino que también podrán decirle a esta montaña: arrojaos al mar, y se hará. 22. Si creen, recibirán todo lo que pidan en oración.' Mateo 21:18-22 NVI

Jesús estaba enseñando a sus discípulos sobre la autoridad y si hubieran aprendido la lección cuando el mar estaba agitado, podrían haberlo calmado. Él estaba tratando de enseñarles que podían hacer cosas como las que Él hacía. Veamos esa sc

Jesús calma la tormenta. Comenzando en Mateo 8:23. "Luego se metió en El barco y los discípulos lo siguieron. 24. De repente, se desató una tormenta furiosa en el lago, de modo que las olas cubrieron el barco. Pero Jesús estaba durmiendo. 25. Los discípulos fueron a despertarlo, diciendo: «¡Señor, sálvanos! ¡Nos vamos a ahogar!» 26. Él respondió: «Hombres de poca fe, ¿por qué tienen miedo?» Entonces se levantó y reprendió a los vientos y a las olas, y todo quedó completamente en calma. 27. Los hombres se asombraron y dijeron: «¿Qué clase de hombre es éste? ¡Hasta los vientos y las olas le obedecen!» Mateo 8:23-27 NVI

He podido tomar autoridad sobre varias tormentas. Un día, mi familia y yo estábamos en un lago en el lado este, a punto de cenar. Cuando vi al otro lado del lago, una enorme tormenta se acercaba hacia nosotros. En ese momento, tomé autoridad y le dije a esa tormenta: quédate ahí hasta que terminemos de comer, no te muevas, en el nombre de Jesús. Pudimos cenar, recoger nuestras cosas y subir al coche, y entonces la tormenta cruzó el lago, y fue una lluvia intensa..

Otra vez... estaba en la recepción de la boda de mi hijo en su patio trasero. El trueno y relámpagos eran intensos a nuestro alrededor, y yo ordené que la tormenta no se acercara hasta que termináramos nuestra recepción. Pudimos disfrutar de las festividades, y no llovió hasta que la fiesta terminó. Creo que Jesús estaba enseñando a sus discípulos cómo caminar en la autoridad que iban a tener y ejercer durante su tiempo en la tierra.

Cuando caminamos en la fe del ahora de Dios que Dios nos ha dado, podríamos tener autoridad sobre las cosas que Él nos muestra. A medida que pasa el tiempo y las cosas en la tierra y alrededor de la tierra se vuelven cada vez más problemáticas, podremos encargarnos de las tormentas que se nos presenten.

Gran parte de lo que Jesús nos enseñó en las escrituras nos ayudará mientras continuamos nuestro viaje aquí en la tierra. Aprender a aprovechar lo que Jesús hizo mientras caminaba por la tierra nos ayudará cada vez más en los días por venir.

# 4

# Sustancia

S ustancia.

Hebreos 11:1. "Ahora bien, la fe es la sustancia de las cosas que se esperan, la evidencia de las cosas que no se ven". NVI

La sustancia es la base de algo o la confianza. La realidad es que la sustancia es la confianza en las cosas que se esperan.

Ya sea que usemos confianza en la realidad, la sustancia es algo que es real. Podemos creer que cuando le pedimos a Dios con fe, Él nos escucha. Como resultado de eso, cuando actuamos con la fe de Dios en el ahora, podemos tener la confianza de que las respuestas están en camino, o que ya las tenemos.

Hebreos 11:1. "Ahora bien, la fe es la certeza de lo que se espera y la convicción de lo que no se ve". NVI Así que, ya sea que leamos este versículo en la Nueva Versión King James o en la Nueva Versión Internacional, hay algo en las palabras usadas que describe principalmente lo que es la fe. Solo debemos confiar en que nuestro Padre Celestial tiene las respuestas. Cuando pedimos con seguridad o confianza y creemos que Él nos ha escuchado, entonces está a punto de suceder algo.

Mi confianza en Dios es que Él está más interesado en que recibamos respuestas o sanidad de lo que podemos imaginar. Aunque no hayamos visto o no podamos ver las cosas que vienen, es importante pedirle a Dios que nos ayude; todavía debemos creer que cuando esas cosas lleguen, podemos caminar en la fe del ahora de Dios. ¿Puedes imaginar cuánto quiere nuestro Padre Celestial que participemos con Él en las cosas que necesitan hacerse en esta tierra ahora? Este podría ser tu día para pedir, creer y confiar en Dios y luego recibir las respuestas. Aunque la sustancia o la confianza pueden no parecer reales para ti, lo son.

Si confiamos para nuestra salvación, ¿cuánto más debemos confiar para nuestra sanidad o para esas cosas que le estamos pidiendo a Dios con fe? ¿Hay algo que hayas querido de Dios y que no hayas pedido con fe? Hoy podría ser el día en que puedas llevar tu petición a un Dios fiel. Entonces, deja que Él se encargue de lo que necesitas. No hay mejor momento que ahora para dar a conocer nuestra petición a Dios.

# 5

# Esperanza para la Esperanza

Esperanza para la Esperanza.

Hebreos 11:1. "Ahora bien, la fe es la confianza en lo que se espera." NVI "

Ahora bien, la fe es la sustancia de las cosas que se esperan." Hebreos 11:1 NVI

Las cosas prácticas que esperamos son desear que algo suceda o recibir algo. Todos hemos esperado algo y, al creer que va a suceder o a llegarnos, se convierte en la certeza cuando acontece. Creo que Dios quiere que operemos en este tipo de fe que también requiere esperanza. Creo que muchas veces hemos esperado que algo suceda y muchas veces sucede. Caminar en esta fe del Dios ahora también requerirá esperanza.

No hay nada de malo en permitir que nuestros corazones tengan deseos saludables. Es cuando dejamos de esperar y nos resignamos a no creer que nuestro Dios quiere que seamos sanos, saludables y prósperos, que las cosas empiezan a desmoronarse. Ahora es el momento de permitir que tus esperanzas se vuelvan reales y se cumplan. Tú tienes la respuesta en tu voz y creencia.

# 6

---

# Evidencia de las cosas no vistas

C Evidencia de las cosas no vistas.

¿Puedes imaginar tener la evidencia de las cosas no vistas?

"Ahora la fe es la certeza de lo que se espera, la convicción de lo que no se ve". Hebreos 11:1 NVI

Evidencia significa prueba o confirmación. También podría significar afirmación, autenticación o verificación. Así que, comencemos con la prueba. Cuando queremos una prueba, podemos acudir a nuestro Dios y Él puede decir Entonces, al mirar lo que es la fe, nos ha llevado a los hechos y a la evidencia de creer que podemos caminar y vivir en Su fe. Esto será vital para el pueblo del Reino de Dios a medida que pase el tiempo. Solo estamos rascando la superficie de aquellas cosas que necesitaremos para poder vivir la vida que Él quiere para nosotros. Ahora bien, la fe es vital para que el pueblo del Reino pueda hacer negocios, comprar y vender. Quizás necesitemos vivir más en la fe de Dios ahora para poder vivir y adorar juntos en nuestra congregación.

El tiempo ha llegado en que el conocimiento ha aumentado, es posible que no podamos enviar nuestros hijos a las universidades. Los lugares de educación superior pueden no ser capaces de cambiar sus libros e información lo suficientemente rápido. ¿Puedes imaginar que los libros escolares no podrán contener toda la información que uno necesitaría para completar su educación?

Debido a los constantes cambios en la tecnología y la información. Esto nos llevará a un nuevo lugar de aprendizaje y a caminar en la fe del ahora de Dios que será necesaria. Podremos hacer lo que Dios nos ha llamado a hacer. Cuando nos mantenemos en la fe del ahora de Dios que Él nos ha mostrado, las cosas necesarias sucederán. Tendremos que ser pacientes y escuchar lo que Él tiene que decir incluso sobre nuestro aprendizaje. Dado que Él tiene todo el conocimiento y la información que necesitaremos, sería vital que lo escuchemos.

La aplicación práctica será tener la capacidad y el conocimiento de dónde buscar y encontrar la información que necesitaremos.

# 7

# La necesidad de fe ahora y en el futuro La necesid

La necesidad de fe ahora y en el futuro La necesidad de fe ahora y en el futuro.

¿Qué pasaría si necesitáramos la fe para multiplicar los alimentos?

¿Alguna vez te has preguntado por qué Jesús alimentó a 5,000 personas y luego repitió la alimentación con 4,000?

¿Nos mostró Jesús esto para que pudiéramos hacerlo en el futuro? ¿Es relevante este evento para hoy?

No creo que la historia sobre la alimentación de los 5,000 sea solo una historia bonita. Hay más en la historia sobre Jesús y los discípulos alimentando a los 5,000 y a los 4,000. Recuerda, fue la comida en las manos de los discípulos la que alimentó a la gente. Fue la fe de Jesús la que inició la alimentación. Los eventos en la Biblia son para que nos demos cuenta de que podrían ser utilizados hoy. He visto cómo se multiplica la comida mientras comíamos lo que habíamos vertido del pote.

¿Estamos dispuestos a tomar estas verdades y aplicarlas hoy?

¿Vamos a poder ayudar a otros a tener las necesidades de la vida por Su fe? Es algo maravilloso para nosotros creer; sin embargo, necesitamos transmitir esto a otros para que ellos puedan hacer lo mismo.

Hay muchos pasajes en el Nuevo Testamento que nos dan formas prácticas de operar en la fe que necesitaremos a medida que pasen los días. ¿Cómo vamos a enseñar y/o demostrar la necesidad de que otros operen en esta fe? ¿Qué se necesitará para mostrar a otros cómo operar en esta fe? ¿Cómo alcanzó Jesús la fe en la que caminó?

Muchas preguntas, y hay muchas respuestas. Necesitamos caminar en los caminos de este tipo de fe de Dios Ahora, mientras traemos el Reino de Dios a la realidad de este tiempo y edad. Es por fe que lo escucharás. Tu fe te guiará, protegerá y proveerá Necesitamos caminar en las formas de este tipo de fe de Dios ahora, mientras traemos el Reino de Dios a la realidad de este día y edad. Es muy interesante cómo Jesús reaccionaba a las tormentas. Él, en ese momento, tomó autoridad sobre ellas y les ordenó que cesaran.

Esa era un tipo de fe nueva en la que Él estaba operando. Hay momentos en que las tormentas intentan venir a nuestra tierra, y tenemos autoridad sobre ellas. Será toma la fe ahora de Dios para hacer que la tormenta se detenga. "Por tanto, habiendo sido justificados por la fe, tenemos paz con Dios por medio de nuestro Señor Jesucristo, por medio de quien también tenemos acceso por la fe a esta gracia en la que estamos firmes, y nos gloriamos en la esperanza de la gloria". Romanos 5:1-2 NVI

La tormenta que Jesús calmó en el mar es otro ejemplo de lo que necesitaremos hacer. Tenemos autoridad sobre las tormentas, y seremos capaces de caminar en la fe ahora de Dios para calmarlas. Nuestra fe será probada, y tendremos la oportunidad de usar la fe ahora de

Dios en muchas circunstancias. Somos bendecidos y desafiados a vivir en este tiempo.

Esto nos llevará a orar y pedir al Padre muchas cosas que necesitaremos, para caminar en Sus caminos y en Su verdad. Él nos ha llamado para un tiempo como este. Tendremos que estar unidos con aquellos a nuestro alrededor que piensan y actúan en la Fe del Ahora de Dios y que tienen esta autoridad.

Se necesitará la fe del ahora para ayudarlos a detener las cosas a su alrededor que no son buenas. Ten fe. Trabaja en la fe del ahora de Dios. Vive y camina en fe, y crecerá. Los días que tienes por delante necesitarán esta fe del ahora de Dios. A medida que crezcamos en Su Fe, también podremos ayudar a otros. Deja que tu Padre te enseñe cómo caminar en Su tipo de fe del ahora de Dios.

Comienza pidiéndole al Padre que te ayude con algo que necesites o quieras hacer. Recuerda que nuestro Dios tiene mucho más de lo que podemos imaginar en Sus recursos. Él es dueño del ganado en la colina, y Él es dueño de la colina. Piensa en grande y sé audaz con tu fe del ahora de Dios.

# Encouragement

Este libro fue diseñado para ofrecer a quienes desean una nueva forma de vivir, sin las cargas que continúan queriendo apoderarse de nuestras vidas.

La Fe de Dios ahora es un lugar en nuestras vidas donde podemos tener éxito sobre las cosas que intentan dominar nuestra existencia con maldad, enfermedad, depresión, desánimo y aquellos que no tienen la victoria que necesitan.

Tu momento es AHORA para caminar y vivir en el lugar que Dios diseñó para ti.

# Sobre el Autor

Roger Coons: Esposo. Padre de seis hijos. Muchos nietos. Y, actualmente, 4 bisnietos.

Spiritual padre de innumerables hijos e hijas espirituales en Estados Unidos y Canadá que Roger y su esposa Shirley han pastoreado. Originalmente de Rochester, NY. Roger actualmente reside en Myrtle Beach, SC, con su esposa Shirley Coons y su querida perra, Princess.

# Referencias

de las Escrituras de Roger Coons tomadas de La Santa Biblia, Nueva Versión King James.

Copyright 1982 por Thomas Nelson, Inc.

La Biblia King James, Nuevo Testamento Copyright 1979 por Thomas Nelson, Inc.

Las Santas Biblias, Nueva Versión Internacional NVI Copyright 1973, 1978, 1984, 2011 por Biblica, Inc.

Usado con permiso. Todos los derechos reservados mundialmente. Santa Biblia: Nueva Versión Internacional

Publicada por Zondervan, Grand Rapids, Michigan, EE. UU